Esplorando l'uso del QR Code come tecnologia di apprendimento

EXPLORING THE USE OF QR CODE AS A LEARNING TECHNOLOGY

Ringraziamenti

Desidero innanzitutto ringraziare il mio Relatore Professor Luca STERPONE per gli insegnamenti durante questo "frenetico" Percorso Abilitante 2014-15.

Inoltre, vorrei esprimere in particolare la mia sincera gratitudine al mio amico e mentore, Fabrizio Dutto, per i numerosi consigli e spunti durante la ricerca.

Infine, ho desiderio di ringraziare con affetto la mia famiglia, per il sostegno ed il grande aiuto che mi ha dato ed in particolare Fabrizio Piumatto, per la pazienza e sopportazione dimostrata in ogni momento durante questi sei mesi di intenso lavoro.

PREFAZIONE

Con questo studio si vogliono analizzare ed esplorare i possibili vantaggi dell'applicazione dei Quick Response (QR) Code come strumento per rendere più accessibili, integrati e stimolanti i processi d'apprendimento. In particolare, mi soffermerò sui punti di forza e sul potenziale che le tecnologie in QR offrono se applicate ai contesti didattici, evidenziando alcune accortezze necessarie per la progettazione di tali ambiti di apprendimento, quindi si esploreranno i possibili scenari di applicazione futura di queste tecnologie nei contesti didattici ed educativi in generale.

PREFACE

With this study I'd like to analyze and explore the possible benefits of the application of Quick Response (QR) Code as a tool to make the learning processes more accessible, integrated and stimulating. In particular, I will focus on the strengths and potential that the technologies in QR have when they are applied to the teaching contexts, highlighting several precautions necessary for the design in these areas of learning, then we will explore the possible scenarios of future application of these technologies in the teaching contexts and in the education in general.

INDICE

INSEGNARE CON IL QR CODE

Ma che cos'è un codice QR, in inglese QR Code? Il codice QR è l'equivalente di un codice a barre bidimensionale utilizzato per rappresentare graficamente un'informazione creato dalla corporation giapponese Denso-Wave nel 1994, allo scopo di essere velocemente leggibile, anche da diverse angolazioni e contenere più informazioni rispetto ai più tradizionali codici a barre.
In Giappone sono molto comuni ed attualmente sono il tipo più popolare di codici bidimensionali. I codici QR sono composti da puntini neri disposti all'interno di uno schema di forma quadrata (fig. 1).

Figura 1

Il nome **QR** è l'abbreviazione dell'inglese *quick response* (risposta rapida), in virtù del fatto che il codice fu sviluppato per permettere una rapida decodifica del suo contenuto.

Il QR code, a differenza di altre tipologie di codici destinati alla lettura promiscua umana e digitale, viene impiegato per memorizzare informazioni generalmente destinate a essere lette digitalmente tramite strumenti in grado di campionarne il contenuto con sufficiente risoluzione ed a decodificarlo, oggi la tecnologia è talmente evoluta da permettere ad un telefono cellulare o uno smartphone di svolgere egregiamente tali compiti. I QR codes includono molte più informazioni rispetto alla alla vecchia tecnologia del codice a barre, a parità di superficie e non sono limitati al loro contenimento nell'ambito della loro rappresentazione fisica. Quando sono sottoposti a scansione con un dispositivo mobile, in cui è installata un'applicazione che permette la lettura del codice, consentono all'utente di accedere a contenuti digitali in modo rapido e semplice, sono infatti "preconfezionabili", utilizzando questa tecnologia, oltre ai collegamenti a pagine Internet (o URL) per l'accesso remoto ad un sito o ad una pagina dinamica di tracciatura, SMS automatici, vCard elettroniche, email, link a contenuti multimediali, ecc... Nonostante vi sia un interesse sempre più crescente nell'utilizzo dei codici QR, esiste tuttavia, ancora scarsa documentazione a riguardo, ed il loro potenziale uso ed i possibili costi e benefici di questo approccio a molti risultano ancora sconosciuti.

Sarà quindi mio interesse considerare e condividere le potenziali applicazioni che la tecnologia QR può avere nei processi di apprendimento.

Il QR CODE e il contesto nel processo di apprendimento

Oggi, i dispositivi mobili, con la loro diffusione all'interno delle scuole e dei contesti educativi, costituiscono una delle più interessanti sfide per la sperimentazione di metodologie didattiche innovative, perché influenzano il modo di pensare e di organizzare il sapere.

L'uso dei Codici QR può essere un valido aiuto, se ben contestualizzato e strutturato all'interno delle attività didattiche, per suscitare l'interesse e la partecipazione attiva dei ragazzi a scuola attraverso una didattica attiva mirata a favorire un apprendimento significativo, in cui gli studenti sono soggetti attivi del proprio apprendimento ed hanno la possibilità di apprendere facendo.

Il QR code può rappresentare un valido supporto alla didattica e diventare un sistema divertente e innovativo per trasmettere la conoscenza. Il processo di apprendimento, in parte innato nell'uomo, può essere stimolato e, per certi versi, migliorato attraverso adeguate strategie educative, soprattutto quando si ha la possibilità di confrontarsi con gli altri, ancora meglio se si tratta di pari che condividono le stesse esigenze e lo stesso linguaggio, l'innovazione tecnologica, in questo caso, diventa comune esperienza e, creando il giusto ambiente, senza penalizzare o mortificare chi non è ancora dotato di strumenti atti alla lettura dei codici QR (usando ad esempio un dispositivo solo), diventerà parte del patrimonio culturale di ogni alunno.

L'apprendimento nell'era delle tecnologie mobili può essere visto come un processo sociale che avviene in un contesto nel quale gli studenti collaborano con i loro pari e con i docenti per costruire interpretazioni del mondo che li circonda. In questa visione, possiamo meglio intendere nella scuola del futuro i dispositivi mobili, come strumenti personali che supportano gli individui ad apprendere, formalmente e/o informalmente, ovunque essi si trovino, dove

il contesto è creato in continuazione dalle persone che interagiscono con altre persone, con i loro dintorni e con gli strumenti quotidiani, contesto che spesso si auto-alimenta attraverso i nuovi media ed ai contenitori social-oriented, grazie all'evoluzione digitale del sistema informativo globale. In questo periodo in cui tanto si dibatte sull'utilizzo della tecnologia multimediale (tablet) nelle classi in sostituzione o a supporto al materiale cartaceo, il QR code rappresenta l'elemento di congiunzione tra "l'era digitale e la tradizione", l'integrazione perfetta, anche nella prospettiva futura di implementazioni e di miglioramenti tecnologici.

I QR CODE COME TECNOLOGIA PER LA FORMAZIONE E LA DIDATTICA: una breve sintesi dello stato dell'arte

Le esperienze di m-learning in Europa sono numerose e in continuo aumento in tutti i paesi dove è presente una buona infrastruttura di telefonia mobile. La letteratura scientifica contempla già alcuni impieghi possibili dei QR Code all'interno dei processi di apprendimento, grazie ad esperienze interessanti che una volta riprodotte, consentono di comprendere meglio i benefici didattici di questa tecnologia.

Nel 2008 la rivista Tecnologie Didattiche pubblica un dossier sul Mobile Learning (m-learning) in cui vengono presentate le potenzialità delle tecnologie mobili in contesti educativi, introducendo una prospettiva di integrazione europea e alcuni casi d'uso (Kukulska-Hulme), nel 2009 Savarani e Clayton sottolineano come il QR Code sia un valido supporto, rispetto ad un codice a barre normale, per la sua capacità di racchiudere un numero maggiore di informazioni e di essere più facilmente interpretabile dai dispositivi mobili. Nel 2010 l'esperienza condotta da Walsh, mostra come l'utilizzo di video descrittivi ed esplicativi , collegati a strumenti fisici tramite QR code, siano efficaci ai fini della comprensione e per spiegare il funzionamento di procedure e processi di lavoro all'interno della libreria universitaria, con tutte le problematiche dell'epoca, relative alla velocità di connessione veloce ed alle dimensioni dello schermo dei cellulari ai fini della fruizione del video. In Arrigo et al. (2010), viene presentata una metodologia per identificare buone pratiche di m-learning basata su un'analisi sistematica delle problematiche relative al management, agli aspetti pedagogici e di policy, utilizzata per una meta-analisi di 11 progetti Europei.

Nel 2012 vengono analizzate le più recenti iniziative di ricerca che propongono l'utilizzo delle tecnologie mobili come supporto all'insegnamento e allo sviluppo professionale in Europa.

L'evoluzione dell'approccio con cui i ricercatori

hanno affrontato il tema del m-learning e le ricerche più attuali hanno spostato l'attenzione dall'aspetto tecnologico, che spesso si focalizzava sulle problematiche connesse all'uso degli apparati mobili all'interno dell'edificio scolastico, sugli aspetti pedagogici, cercando di definire come l'uso di queste tecnologie vada considerato all'interno di un più vasto campo di esperienze didattiche, spesso basate su approcci metodologici innovativi, dove l'apprendimento è visto come un processo continuo, che si svolge sia in classe che al di fuori delle aule.

In questa prospettiva, va considerato anche il ruolo degli smartphone e dei tablet nell'accrescere la confidenza con le nuove tecnologie, sia dei docenti che degli studenti, costituendo un vettore di innovazione all'interno delle scuole.

In questi ultimi anni lo scenario applicativo è profondamente cambiato, si è assistito a una diffusione esponenziale delle tecnologie mobili (smartphone e tablet) all'interno delle scuole e dei contesti educativi, le applicazioni di QR code nella didattica hanno mostrato gli effetti positivi che questo tipo di tecnologia avrebbe in relazione ai processi di apprendimento ed ai concetti del mobile learning. Oggi, i dispositivi mobili costituiscono una delle più interessanti sfide per la sperimentazione di metodologie didattiche innovative, perché influenzano il modo di pensare e di organizzare il sapere. In particolare, mediante le tecnologie mobili, i discenti hanno l'opportunità di un radicale mutamento delle modalità di fruizione dell'e-learning, potendo accedere alle informazioni in ogni momento e in ogni luogo, anche quando non si trovino davanti ad un computer.

I QRCODE: le applicazioni attuali

Nel **marketing** i QR code servono a dare informazioni sul prodotto, tuttavia vista la loro enorme potenzialità, il loro utilizzo si è esteso a moltissimi campi; essi integrano gli elementi materiali con elementi virtuali sfociando nella cosiddetta *realtà aumentata*, ovvero un arricchimento della percezione sensoriale che va oltre i cinque sensi, sfruttando informazioni e contenuti aggiunti dall'uomo, attraverso mezzi elettronici e informatici. Quando si parla di nuove strategie di marketing è d'obbligo pensare agli strumenti tecnologici che, abbinati al telefono cellulare, permettono il pieno coinvolgimento del consumatore, incuriosendolo e coinvolgendolo.

Il Mobile Marketing con Codici QR è a tutti gli effetti la nuova frontiera della comunicazione ed insieme il punto di incontro e di interazione tra il mondo reale/offline ed il mondo virtuale/online. IL QR inizia a comparire dappertutto ,tra gli utilizzi più comuni, vediamo le informazioni aggiuntive del QR nei musei quando si inquadrano quei codici posti accanto alle opere e si ha accesso alla descrizione e alla storia dell'artista, e la collezione Peggy Guggenheim di Venezia è stata tra le prime a intuirne le potenzialità. Dall'arte alla gastronomia il passo è breve: l'Unaprol, consorzio olivicolo, ha adottato i QR per dare la carta d'identità elettronica dell'olio extravergine d'oliva di qualità, mentre la McDonald's li piazzerà sulle scatole degli hamburger. Esistono numerosi siti web che permettono, tramite una comoda interfaccia, di generare vari tipi di QR Code.

I QR Code possono essere realizzati in diverse dimensioni (normalmente indicate come small medium e large) e con diversi livelli di correzione degli errori (indicate con le lettere L M Q H).

La correzione dell'errore è importante quando si desidera personalizzare un QR Code inserendo un logo o un altro elemento che nasconda parte del codice stesso.

Generando infatti un QR Code con un alto livello di correzione degli errori (Q o H) sarà possibile coprire parte dell'immagine senza perdere la funzionalità.

Ecco alcuni esempi di QR-Codes creativi (fig.2)

Figura 2

Esistono infatti molteplici campi applicativi per i QR Code, grazie alla grande flessibilità dello strumento anche nelle piccole e medie aziende, artigiani e professionisti, insomma, in tutti quei casi dove si mette un QR Code su un'immagine pubblicitaria all'interno di un giornale:

per le *vendite immobiliari* dove sul cartello "in vendita" il QRCode rimanda ad una pagina con video o galleria fotografica e maggiori informazioni;

per i *negozi*: sui cartellini in esposizione il QR Code rimanda alle recensioni di quei prodotti sul proprio blog (fig.3);

Figura 3

per le *coordinate aziendali*: dove il QRCode stampato sui biglietti da visita dei dipendenti, rimanda ai profili social aziendali o alla pagina di presentazione del dipendente o alla sua Vcard per poter aggiungere il contatto direttamente sul telefonino;

nella *carta dei vini o nel menù del ristorante*: dove l'utilizzo del QR Code serve come rimando ad una pagina Internet di arricchimento della presentazione dei vari vini o dei cibi che si potranno degustare (fig.4);

Figura 4

sulle *etichette, istruzioni, consigli di utilizzo/ manutenzione*, il codice QR punta ad approfondimenti di qualunque genere (dai video di montaggio ai consigli sulla manutenzione) (fig.6-8);

Figura 6

Figura 8

per un *museo, mostra o esposizione* ai QR Code stampati a fianco della targhetta che descrivono l'opera si associano gli approfondimenti sull'artista o sull'opera (fig.7);

Figura 6

per collegare *la propria attività* locale a Google Maps (fig.5), per inserire nelle pagine sui giornali il QR Code del proprio negozio, ristorante o attività locale; ecc.

Figura 5

I QRCODE come strumento didattico per la competenza digitale

Esempi e studi futuri

I Vantaggi dell'utilizzo dei QR Code sono veramente molti, per la facilità di utilizzo, perché non fa perdere tempo all'utente interessato a quella informazione, visto che viene indirizzato direttamente al contenuto specifico, considerato il fatto che un QR Code occupa meno spazio ed è meno ingombrante di un lungo indirizzo, oltre alla difficoltà di trascrivere l'indirizzo di una pagina interna di un sito. Il QR Code estende la dimensione della pagina e da la possibilità di continuare gli approfondimenti al di là dello spazio del materiale stampato. Non costa nulla produrlo. Tuttavia nonostante i numerosi vantaggi, il QR Code presenta alcuni *limiti* legati al fatto che a) non è un'applicazione di default nei nostri dispositivi; b) non è facile convincere qualcuno all'azione, ossia a tirar fuori il telefono, inquadrare il codice, connettersi al contenuto, è una volontà forte che deve essere stimolata dal grande interesse che quel contenuto potrebbe rappresentare per il target, salvo poi spesso scoprire che non ne valeva la pena; c) i contenuti proposti su cartelli, pubblicità, giornali e volantini in metropolitana, su un aereo, sono situati in un luogo sperduto dove la connessione non esiste.

Nella **didattica** i QR code si inseriscono perfettamente con l'uso delle tecnologie, il cartaceo viene rinforzato dal virtuale per completare le informazioni e aiutare gli alunni nello sviluppo degli apprendimenti attraverso il "Fare". I QR code hanno un potenziale altissimo ad esempio nelle *Flipped Classroom*, dove l'apprendimento capovolto prevede, tra le altre cose, che i materiali di studio vengano consultati preventivamente dagli studenti, dove i video sono indubbiamente la risorsa più utilizzata; con i QR code è molto più semplice e preciso indicare ai propri alunni risorse mirate, senza far vagare i ragazzi, soprattutto i più piccoli, nel mare magnum del web e soprattutto senza dover ricopiare lunghissimi URL col rischio di sbagliarne la trascrizione e non poter utilizzare il materiale. I codici QR si rivelano inoltre straordinari strumenti nella comunicazione mediata con bambini con bisogni specifici legati all'apprendimento o a disabilità di diversa natura.

Pensando inoltre alle diverse discipline, i QR Code arricchiscono le cartine geografiche appese nelle aule e rimandano a video e/o immagini riguardanti città, regioni, nazioni, fiumi, mari, laghi, monti;

nelle scienze ,fisica, chimica e biologia, i codici apposti sui cartelloni ad es. sulla tavola periodica degli elementi (allegato n.4), reindirizzino alle schede d'identità delle diverse piante, animali o alle parti del corpo umano; in storia costruiscono le linee del tempo arricchite da geolocalizzazione, mappe e visite virtuali ai musei;

nella letteratura i QR Code creano riferimenti storici e geografici;

nell'educazione musicale o nell'arte ci consentono di vedere rappresentata la spiegazione teatrale, ascoltare la riproduzione in musica, generano sensazioni ed emozioni che difficilmente è possibile dimenticare e la lezione risulta di gran lunga più affascinante e senz'altro più interessante della spiegazione con gli strumenti tradizionali;

nelle biblioteche di classe o di scuola i QR Code generati nella copertina interna, rimandano a schede riassuntive dei libri letti con eventuali impressioni e critiche offerte a chi si appresta a leggere il libro, consentendo di visionare le opinioni dei compagni che lo hanno già letto.

Se pensiamo all'apprendimento di una nuova lingua, i QR Code sono ottimi strumenti di didattica, finalizzati all'integrazione, in quanto ci consentono di associare la pronuncia in lingua straniera ad oggetti ed immagini, con un utilizzo molto valido per l'integrazione di alunni provenienti da altri Paesi nell'apprendimento dell'italiano, oppure anche per integrare una seconda lingua.

Le nostre aule della scuola primaria sono tappezzate di scritte col nome degli oggetti, che se venissero affiancati da codici QR con la pronuncia corretta, sarebbero un buono strumento di integrazione da utilizzare a vario titolo, per insegnare la lingua straniera alla classe, ma anche per far imparare l'italiano ai bimbi stranieri, senza dover acquistare sistemi di diffusione audio integrativi.

Attraverso l'uso dei QR Code è anche possibile segnalare i diversi ambienti di una scuola, per esempio per dare informazioni ai nuovi arrivati, magari in differenti lingue; oppure realizzare delle cacce al tesoro, ricercando gli indizi nelle risorse inviate; dare indicazioni per raggiungere un determinato luogo. Tutto all'insegna dell'Imparare facendo, del *Learning by doing*!

La particolarità di un ambiente digitale in QR code sarebbe quello di lavorare su un tipo di apprendimento esperienziale consentendo all'utente di passare immediatamente dalla sperimentazione attiva alla concettualizzazione di quanto è stato fatto e fornendo al contempo gli elementi per osservare in modo riflessivo l'esperienza vissuta.

Altri usi possibili nella didattica quotidiana, sarebbero quello di reindirizzare il QR code ad una cartella repository (Google Drive, Dropbox, ecc.) in cui l'insegnante abbia precedentemente inserito dei materiali selezionati: link a video, testi, siti, questionari/ test, appunti, disegni, calendari, ecc. per consentire ai discenti di effettuare ulteriori ricerche o approfondimenti (allegato n.1), confrontare le informazioni recuperate attraverso i motori di ricerca; valutare le qualità del prodotto rispetto alle attese; auto-valutare gli apprendimenti acquisiti, ottenere un feedback immediato sulla correttezza dei compiti svolti.

La competenza digitale acquisita è quindi fortemente connessa all'evoluzione della relazione didattica e dell'ambiente di apprendimento, come peraltro previsto dalle Indicazioni Nazionali e comporta un'attitudine critica e riflessiva nei confronti delle informazioni disponibili ed un uso responsabile dei mezzi di comunicazione interattivi, una condizione necessaria per vivere nella società della conoscenza e della globalizzazione .

I QR Code nella didattica e nella gestione del registro di classe, potrebbero rimandare al fascicolo personale dell'alunno con le verifiche effettuate e le relative tabelle di valutazione ; alla spiegazione della lezione fatta ed ai compiti assegnati nella settimana per i ragazzi assenti o impossibilitati alla frequenza.

Un QR code indirizzato ad una pagina dinamica presente nel sito dell'istituto, posizionato fisso nella classe, potrebbe riportare informazioni sul docente che in quel momento (in base all'ora ed alla classe) è alla cattedra, come ad esempio una breve presentazione, strumenti utili ad esempio a prenotare la visita di un genitore o a sapere in quali altre classi insegna e in quali orari, o a come contattarlo ad esempio con email istituzionale, ecc... (si veda *allegati* n.2 e 3)

PROGETTAZIONE ED ASPETTI CRITICI DEGLI AMBIENTI DI APPRENDIMENTO

Negli ultimi anni, il rapido sviluppo e l'ampia diffusione delle Information and Communication Technology (ICT) sono stati elementi fondamentali nel processo di trasformazione della società in cui viviamo. In questo scenario, l'introduzione delle ICT negli *ambienti di formazione* ha comportato non solo una trasformazione degli strumenti per l'apprendimento, ma, ancor più, la necessità di ripensamento dei criteri e dei modelli di progettazione didattica.

La natura dell'apprendimento e della conoscenza devono essere posti a fondamento dell'intera infrastruttura formativa, che da significato ai modelli d'implementazione delle soluzioni tecnologiche.

Come già accennato e messo in evidenza dalle ricerche di Kukulska-Hume (2008), i QR Code presentano alcune criticità/limiti con cui è possibile scontrarsi approcciando contesti progettuali di mobile learning, tra cui la difficoltà di prevedere quale utilizzo del device faranno le utenze e i tempi di connessione e di caricamento (laddove previsti sono considerati molto più importanti rispetto alla mancanza della tastiera in dispositivi solo touch). Nella progettazione di ambienti di apprendimento è fondamentale considerare e migliorare la velocità della connessione, la risposta dei device mobili in termini di velocità e affidabilità, intuitività delle interfacce, ecc.

La possibilità di prendere in considerazione molteplici dimensioni (l'ambiente digitale, l'ambiente reale, i soggetti coinvolti e i device mobili) consente di realizzare ambienti di apprendimento maggiormente efficaci e in grado di adattarsi meglio alle intenzioni delle utenze, con l'obiettivo di rendere le interfacce e gli ambienti di apprendimento sempre più "invitanti" nei confronti degli utenti che li utilizzano, consentendo loro di realizzare in maniera molto semplice le intuizioni che possiedono e di comprendere quelle che gli altri intendono mettere in atto.

DISCUSSIONI E SVILUPPI FUTURI

I QR Code come quelli utilizzati negli esempi sopra citati sono realizzabili da *chiunque*, senza che siano richieste competenze o risorse particolari. L'economicità e la praticità della soluzione fanno prevedere alcune applicazioni interessanti nel campo scolastico, ma permettono anche di ipotizzare scenari futuri che vedano l'impiego di tecnologie più sofisticate di Augmented Learning attraverso la Realtà Aumentata (AR). Recenti ricerche mostrano, infatti, come questo tipo di tecnologia possa essere efficace per il miglioramento dei processi di apprendimento in quanto consente di "imparare facendo", sottolineando gli aspetti dell'apprendimento esperienziale e costruendo la conoscenza in maniera autonoma e pro-attiva, mettendo al centro dei processi di apprendimento la sperimentazione prima ancora della conoscenza teorico-informativa. Gli sviluppi dell'AR in campo educativo sono potenzialmente numerosi, grazie anche alla versatilità e alla facilità di impiego di questa tecnologia che non richiede grossi investimenti o ingenti risorse. L'AR risulta essere un utile valore aggiunto soprattutto per portare l'apprendimento nei luoghi che già gli studenti frequentano normalmente, andando anche nella direzione dello sviluppo di applicazioni ludiche.

BIBLIOGRAFIA

Arrigo M., Di Giuseppe O., Fulantelli G., Gentile M., Seta L., Taibi D. (2010). *MOTILL – Mobile Technologies in Lifelong Learning. Best practices.* Palermo, IT: ITD-CNR.

Kukulska-Hume A. (2008). La Mobile Usability nei contesti educativi: cosa abbiamo imparato? Le lezioni apprese in esperienze di uso delle tecnologie Mobile. Tecnologie Didattiche

Saravani S.J., Clayton J. (2009). A conceptual model for the educational deployment of QR Codes. Same places, different spaces. Proceedings ascilite Auckland 2009, pp. 919-922, URL: http://researcharchive.wintec.ac.nz/676/1/saravani.pdf

Walsh A. (2010). QR Code – using mobile phones to deliver library instruction and help at the point of need. Journal of information literacy, 4(1),

Allegato N.1

Esempi di QR Code negli approfondimenti disciplinari e di accesso a contenuti differenti

Geografia :il CONGO

www.caterinalorusso.it

Botanica – Scienze: LE PIANTE

V Card Caterina Lorusso

Link :Tesina Corso PAS 2014-15

Storia :il PORFIROGENITO

Allegato N.2

Diagramma di flusso con QR Code fisso nella classe e aggiornamento dinamico dei contenuti

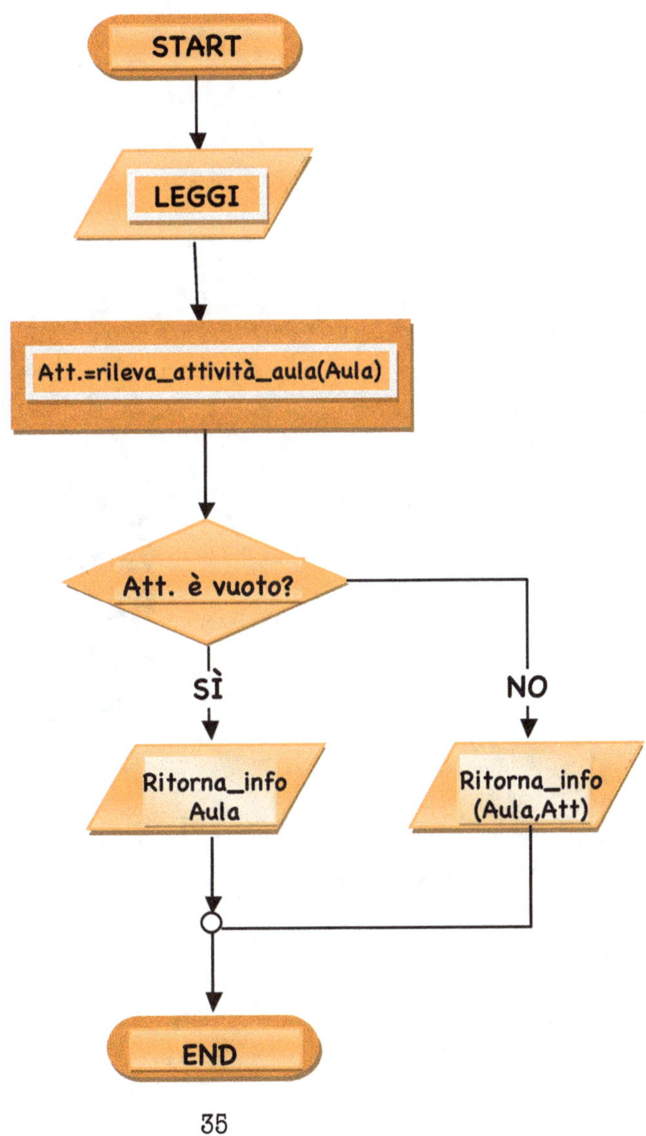

Allegato N.3

Esempio di pagina dinamica accessibile con QR Code fisso nella classe

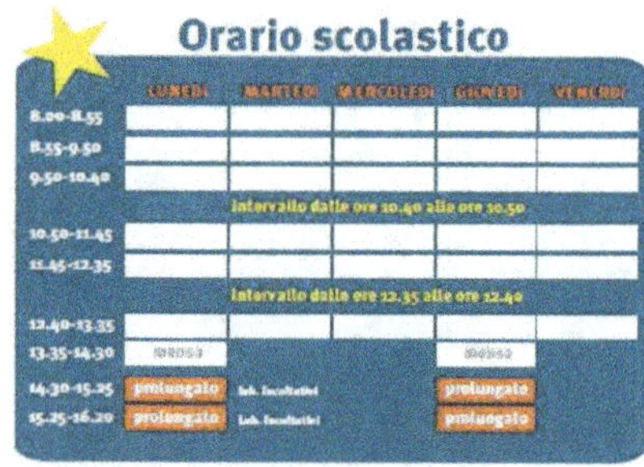

Scuola Media Unificata Cuneo

Classe: 3C

Policy di condotta in classe, informazioni

Data: 07/03/2015 - Ora: 19:3:11

Docente: Caterina Lorusso

Scheda dell'insegnante

Orari per i colloqui con i genitori - prenota

Materia: Scienze

Programma

Argomento di oggi: Scienze nella società moderna

approfondimenti: Il microscopio

Area studenti

Storico degli argomenti trattati: (registro)

Materiale di supporto all'apprendimento

Prossime prove di controllo: argomenti ed esercizi preparatori

Orario definitivo:

PAS 2014/2015 - Classe A033

Abilitanda Caterina Lorusso - Relatore Prof. Luca Sterpone

Allegato N.4

Esempio di QR Code utilizzato nella tavola periodica

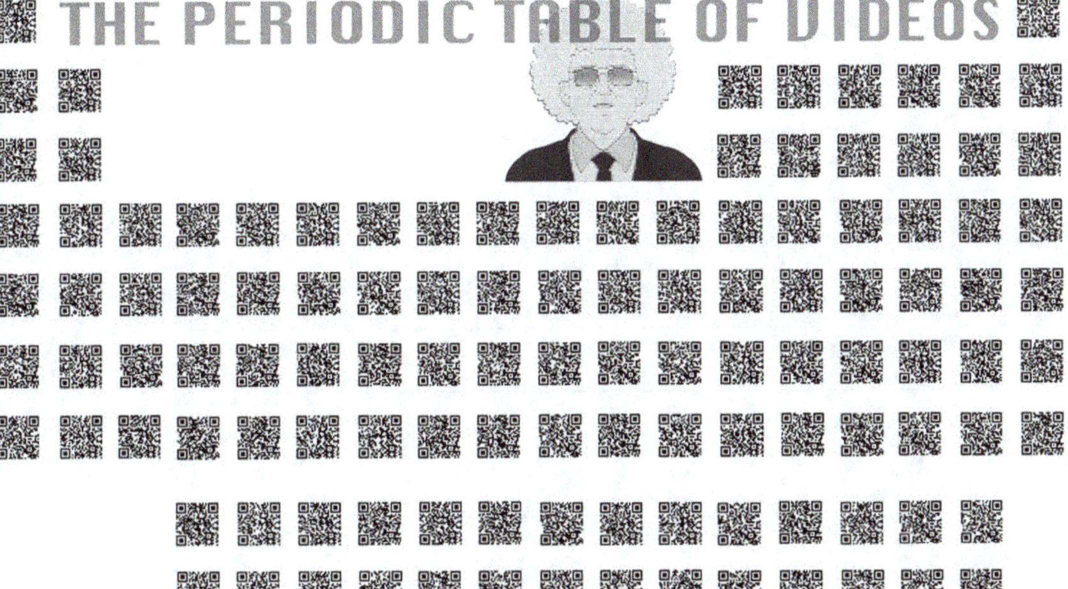

Caterina Lorusso

Esplorando l'uso del QR Code come tecnologia di apprendimento

9 788831 628082